escola - la escuela	2
viatge - el viaje	5
transport - el transporte	8
ciutat - la ciudad	10
paisatge - el paisaje	14
restaurant - el restaurante	17
supermercat - el supermercado	20
begudes - las bebidas	22
menjar - la comida	23
granja - la granja	27
casa - la casa	31
sala d'estar - la estancia	33
cuina - la cocina	35
bany - el baño	38
cambra de nen - la recámara de los niños	42
roba - la ropa	44
oficina - la oficina	49
economia - la economía	51
oficis - las ocupaciones	53
eines - las herramientas	56
instrument de música - los instrumentos musicales	57
zoo - el zoológico	59
esports - los deportes	62
activitats - las actividades	63
família - la familia	67
cos - el cuerpo	68
hospital - el hospital	72
urgència - la emergencia	76
terra - la tierra	77
rellotge - el reloj	79
setmana - la semana	80
any - el año	81
formes - las formas	83
colors - colores	84
oposats - los opuestos	85
nombres - los números	88
llengües - los idiomas	90
qui / què / com - quién / qué / cómo	91
on - dónde	92

Impressum
Verlag: BABADADA GmbH, Nedderfeld 112 , 22529 Hamburg
Geschäftsführer / Verlagsleitung: Harald Hof
Druck: Books on Demand GmbH, In de Tarpen 42, 22848 Norderstedt

Imprint
Publisher: BABADADA GmbH, Nedderfeld 112 , 22529 Hamburg, Germany
Managing Director / Publishing direction: Harald Hof
Print: Books on Demand GmbH, In de Tarpen 42, 22848 Norderstedt

escola
la escuela

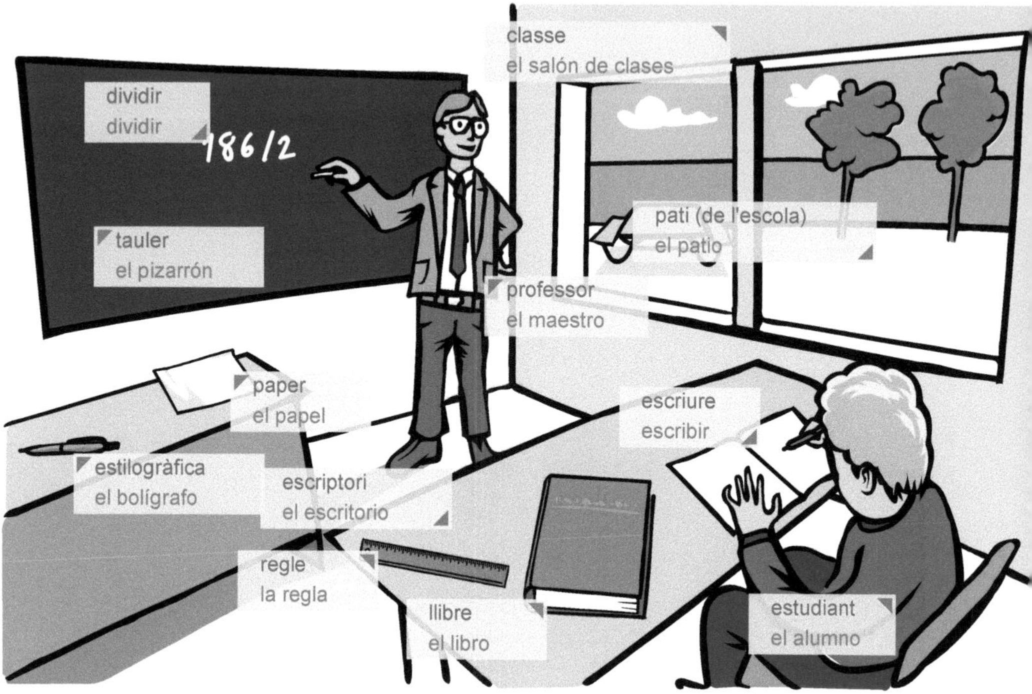

classe
el salón de clases
dividir
dividir
186/2
tauler
el pizarrón
pati (de l'escola)
el patio
professor
el maestro
paper
el papel
escriure
escribir
estilogràfica
el bolígrafo
escriptori
el escritorio
regle
la regla
llibre
el libro
estudiant
el alumno

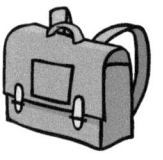

bossa

la mochila

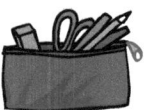

estoig

la caja de lápices

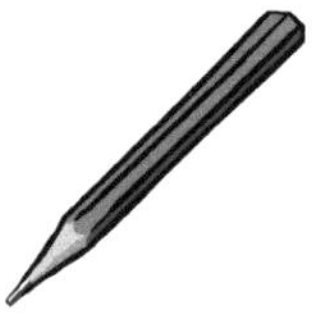

llapis

el lápiz

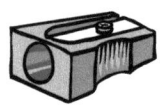

maquineta de fer punta

el sacapuntas

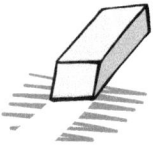

goma

la goma de borrar

bloc de dibuix

el bloc de dibujo

dibuix

el dibujo

pinzell

el pincel

capsa de pintures

la caja de lápices de color

tisores

las tijeras

cola

el pegamento

quadern d'exercicis

el libro de ejercicios

deures

la tarea

nombre

el número

afegir

sumar

sostreure

restar

multiplicar

multiplicar

calcular

calcular

lletra

la letra

alfabet

el alfabeto

mot

la palabra

text
el texto

llegir
leer

guix
la tiza

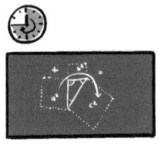

lliçó
la lección

llibre de classe
el cuaderno de clase

examen
el examen

certificat
el certificado

uniforme escolar
el uniforme

formació
la educación

enciclopèdia
la enciclopedia

universitat
la universidad

microscopi
el microscopio

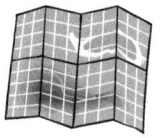

mapa
el mapa

paperera
el bote de basura

viatge
el viaje

hotel
el hotel
Grand
alberg
el hostel
ROOMS
EXCHANGE
oficina de canvi
la casa de cambio
maleta
la maleta
automòbil
el carro

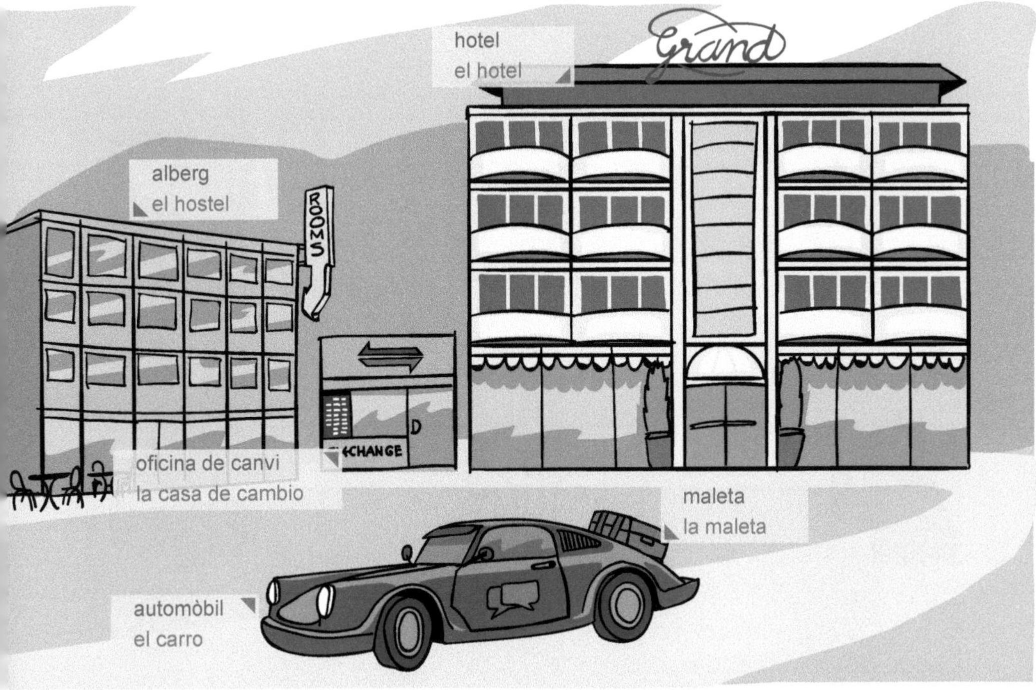

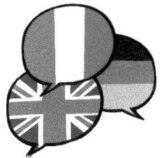

llengua

el idioma

sí / no

sí / no

D'acord

Órale

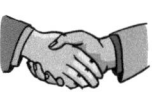

Ey!

hola

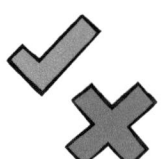

traductora

el traductor

gràcies

Gracias

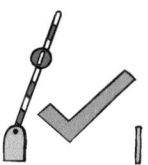

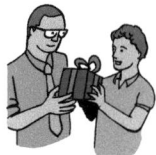

Quant costa… ?

¿cuánto cuesta…?

No entenc

No entiendo

problema

el problema

Bona nit!

¡Buenas tardes!

bon dia!

¡Buenos días!

bona nit!

¡Buenas noches!

fins aviat

adiós

direcció

la dirección

bagatge

el equipaje

bossa

la bolsa

sarrona

la mochila

convidat

el invitado

cambra

la recámara

sac de dormir

la bolsa de dormir

tenda

la tienda de campaña

oficina de turisme

la información turística

platja

la playa

carta de crèdit

la tarjeta de crédito

esmorzar

el desayuno

dinar

el almuerzo

sopar

la cena

bitllet

el billete

ascensor

el ascensor

segell

el sello

frontera

la frontera

duana

la aduana

ambaixada

la embajada

visat

la visa

passaport

el pasaporte

transport
el transporte

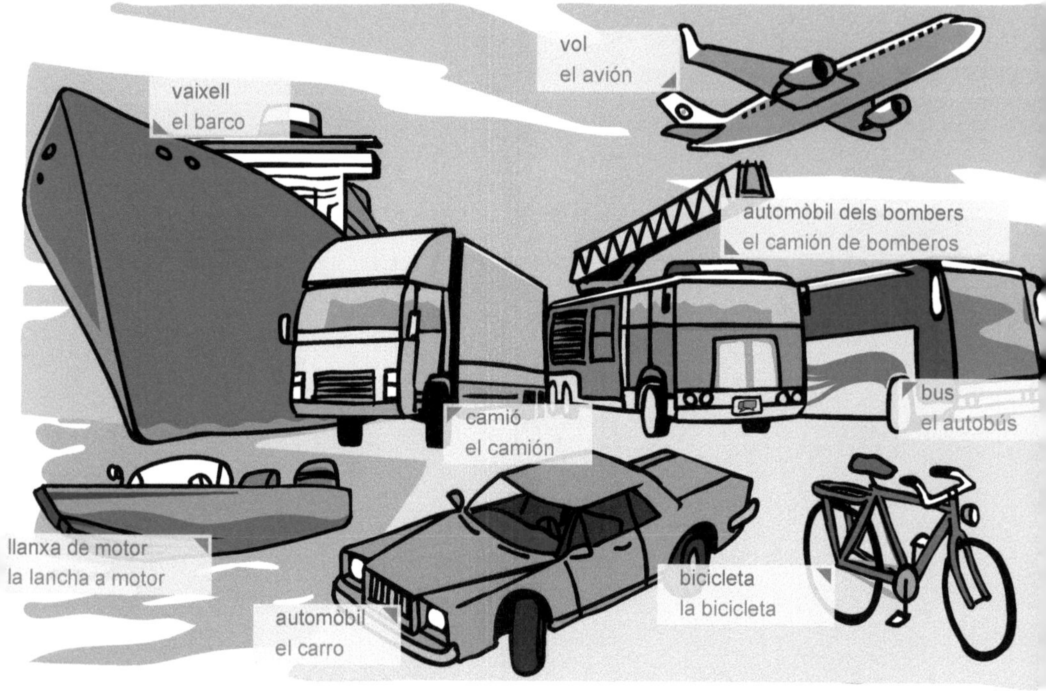

vol
el avión
vaixell
el barco
automòbil dels bombers
el camión de bomberos
bus
el autobús
camió
el camión
llanxa de motor
la lancha a motor
bicicleta
la bicicleta
automòbil
el carro

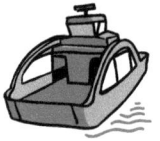

transbordador

el ferry

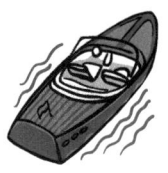

barca

el bote

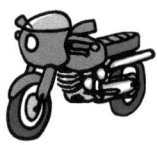

moto

la motocicleta

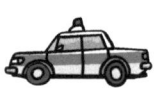

automòbil de policia

la patrulla

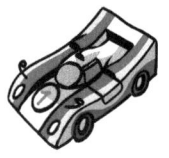

automòbil de curses

el coche de carreras

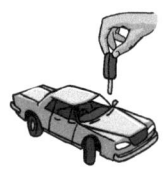

automòbil de lloguer

el auto para rentar

vehicle compartit

la renta de autos

grua

la grúa

camió de les escombraries

el camión recolector de basura

motor

el motor

benzina

la gasolina

benzineria

la gasolinera

senyal de trànsit

la señal de tráfico

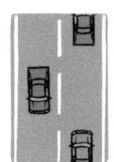

trànsit

el tránsito

embús

el embotellamiento

aparcament

el aparcamiento

estació de trens

la estación de tren

vies

las vías

tren

el tren

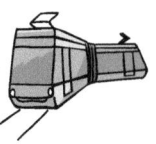

tramvia

el tranvía

vagó

el vagón

helicòpter

el helicóptero

aeroport

el aeropuerto

torre

la torre

passatger

el pasajero

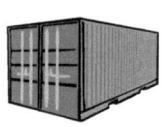

contenidor

el contenedor

capsa de cartó

la caja de cartón

carretó

la carretilla

cistella

la cesta

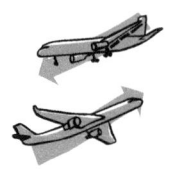

enlairar-se / aterrar

despegar / aterrizar

ciutat

la ciudad

poble

el pueblo

centre de la ciutat

el centro de la ciudad

casa

la casa

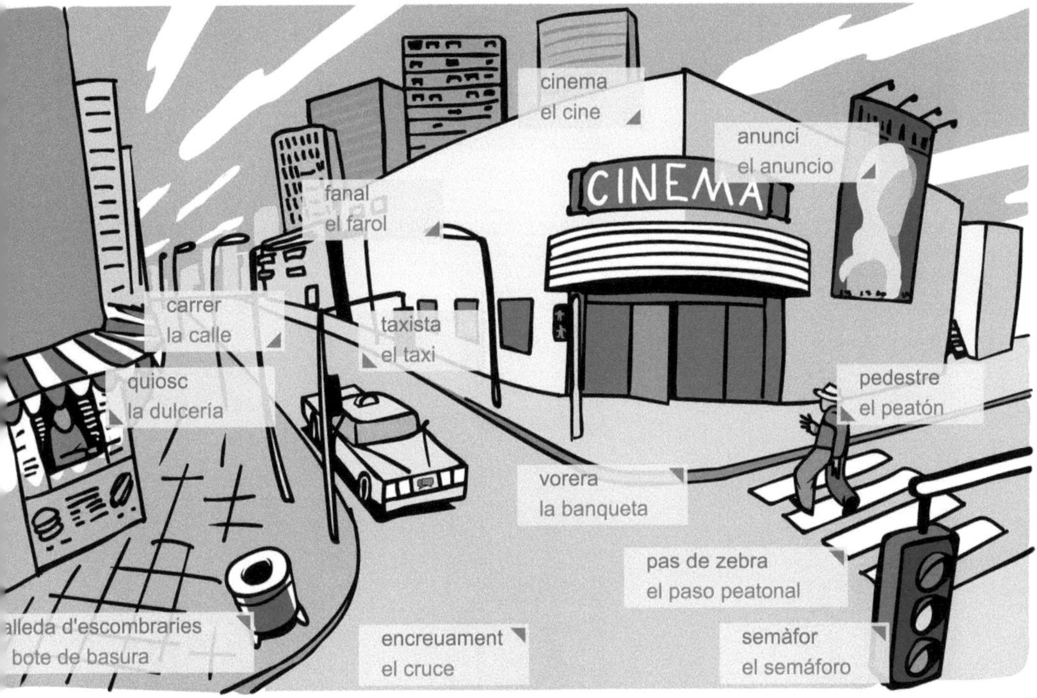

cinema
el cine

anunci
el anuncio

fanal
el farol

carrer
la calle

taxista
el taxi

quiosc
la dulcería

pedestre
el peatón

vorera
la banqueta

pas de zebra
el paso peatonal

alleda d'escombraries
bote de basura

encreuament
el cruce

semàfor
el semáforo

cabana
la cabaña

apartament
el apartamento

estació de trens
la estación de tren

casa de la vila-ciutat
el ayuntamiento

museu
el museo

escola
la escuela

ciutat - la ciudad

universitat

la universidad

banca

el banco

hospital

el hospital

hotel

el hotel

farmàcia

la farmacia

oficina

la oficina

llibreria

la librería

botiga

la tienda

floristeria

la florería

supermercat

el supermercado

mercat

el mercado

gran magatzem

las grandes tiendas

peixateria

la pescadería

centre comercial

el centro comercial

port

el puerto

parc
el parque

banc
el banco

pont
el puente

escala
las escaleras

metro
el metro

túnel
el túnel

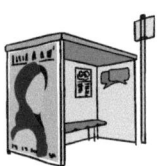

parada d'autobús
la parada de autobús

bar
el bar

restaurant
el restaurante

bústia de correu
el buzón

senyal indicador
el letrero

parquímetre
el parquímetro

zoo
el zoológico

piscina
la alberca

mesquita
la mezquita

ciutat - la ciudad

13

granja
la granja

pol·lució
la contaminación

cementiri
el cementerio

església
la iglesia

parc infantil
el área de niños

temple
el templo

paisatge
el paisaje

fulla
la hoja

cartell indicador
la señal

camí
el camino

prat
la pradera

pedra
la piedra

excursionista
el caminante

arbre
el árbol

riu
el río

gespa
el pasto

flor
la flor

vall
el valle

muntanya
la montaña

llac
el lago

bosc
el bosque

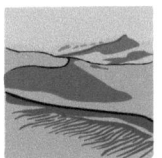

desert
el desierto

volcà
el volcán

castell
el castillo

arc de Sant Martí
el arco iris

bolet
el champiñón

palmera
la palmera

moscard
el mosquito

mosca
la mosca

formiga
la hormiga

abella
la abeja

aranya
la araña

escarabat

el escarabajo

granota

la rana

esquirol

la ardilla

eriçó

el erizo

llebre

la liebre

òliba

la lechuza

ocell

el pájaro

cigne

el cisne

senglar

el jabalí

cervo

el ciervo

ant

el alce

presa

el embalse

turbina

la turbina eólica

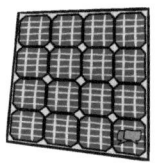

panell solar

el panel solar

clima

el clima

restaurant

el restaurante

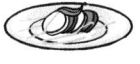

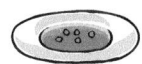

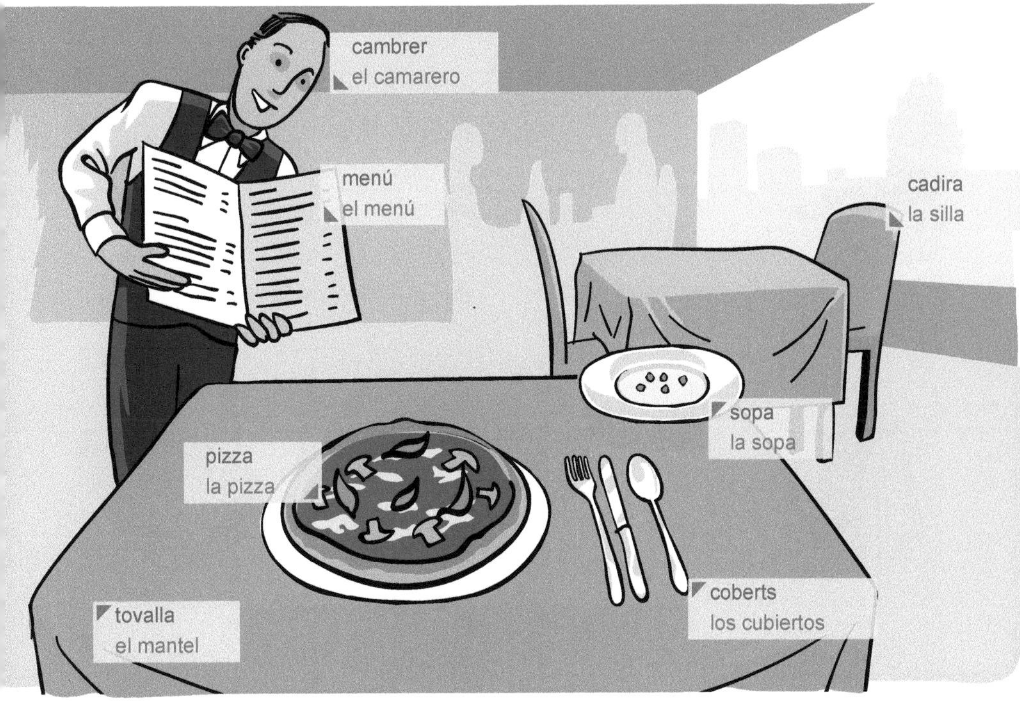

cambrer
el camarero
menú
el menú
cadira
la silla
sopa
la sopa
pizza
la pizza
coberts
los cubiertos
tovalla
el mantel

primer plat

la entrada

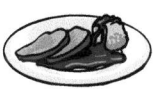

plat principal

el plato fuerte

darreries

el postre

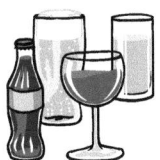

begudes

las bebidas

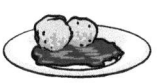

menjar

la comida

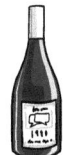

ampolla

la botella

menjar ràpid

la comida rápida

menjar de carrer

la comida de la calle

tetera

la tetera

sucrer

la azucarera

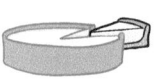

porció

la porción

màquina d'espresso

la cafetera espresso

trona

la periquera

factura

la cuenta

plata

la charola

ganivet

el cuchillo

forqueta

el tenedor

cullera

la cuchara

cullereta

la cuchara de té

tovalló

la servilleta

got

el vaso

restaurant - el restaurante

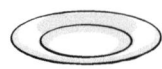

plat
el plato

plat de sopa
el plato hondo

plateret
el plato

salsa
la salsa

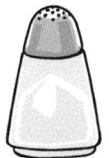

saler
el salero

molinet de pebre
el molino para pimienta

vinagre
el vinagre

oli
el aceite

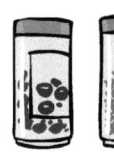

espècies
las especias

quètxup
el kétchup

mostassa
la mostaza

maionesa
la mayonesa

supermercat
el supermercado

oferta especial
la oferta especial
FOR
client
el cliente
productes lactis
los productos lácteos
fruites
la fruta
carret de la compra
el carrito para compras

BUTCHERS

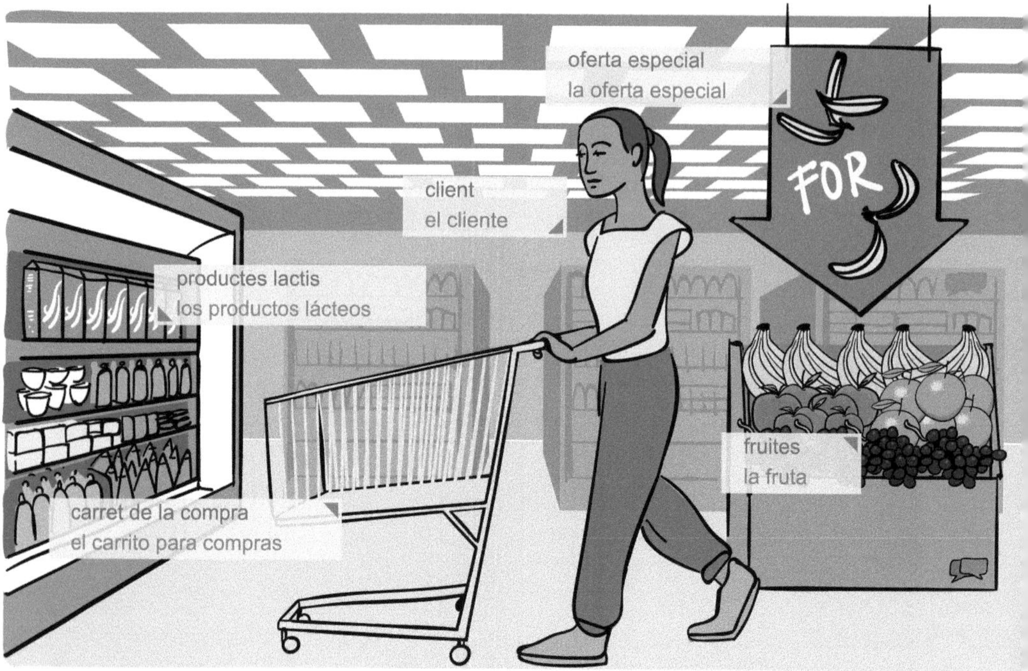

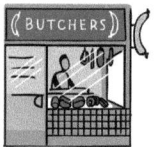

carnisseria

la carnicería

BAKERY

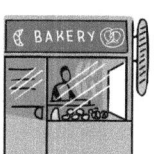

forn de pa

la panadería

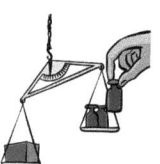

pesar

pesar

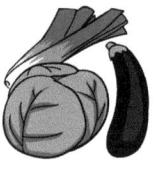

verdures

los vegetales

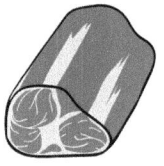

carn

la carne

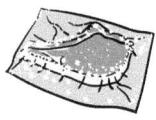

menjar congelat

los alimentos congelados

carn freda

las carnes frías

conserves

los alimentos enlatados

detergent en pols

el detergente en polvo

dolços

los dulces

articles domèstics

los electrodomésticos

productes de neteja

productos de limpieza

venedora

la vendedora

caixa registradora

la caja

caixera

el cajero

llista de la compra

la lista de compras

horari d'obertura

el horario de atención al público

portamonedes

la cartera

carta de crèdit

la tarjeta de crédito

bossa

la bolsa

bossa de plàstic

la bolsa de plástico

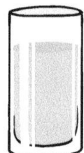

aigua

el agua

suc

el jugo

llet

la leche

coca-cola

el refresco de cola

vi

el vino

cervesa

la cerveza

alcohol

el alcohol

cacau

el cacao

te

el té

cafè

el café

espresso

el espresso

cappuccino

el cappuccino

banana

el plátano

poma

la manzana

taronja

la naranja

síndria

el melón

llimona

el limón

pastanaga

la zanahoria

all

el ajo

bambú

el bambú

ceba

la cebolla

bolet

el champiñón

avellanes

las nueces

fideus

los fideos

espaguetis

los espaguetis

arròs

el arroz

amanida

la ensalada

patates fregides

las patatas fritas

patates fregides

las patatas fritas

pizza

la pizza

hamburguesa

la hamburguesa

entrepà

el emparedado

escalopa

el filete

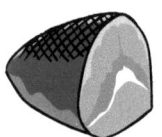

cuixot

el jamón

salami

el salami

salsitxa

la salchicha

pollastre

el pollo

rostit

el asado

peix

el pescado

flocs de civada

los copos de avena

musli

el muesli

cereals

los copos de maíz

farina

la harina

croissant

el cuernito

panet

el bolillo

pa

el pan

torrada

la tostada

bescuits

las galletas

mantega

la mantequilla

mató

la cuajada

pastís

el pastel

ou

el huevo

ou fregit

el huevo frito

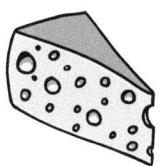

formatge

el queso

gelat

el helado

sucre

el azúcar

mel

la miel

melmelada

la mermelada

crema de xocolata

la crema de chocolate

curri

el curry

granja
la granja

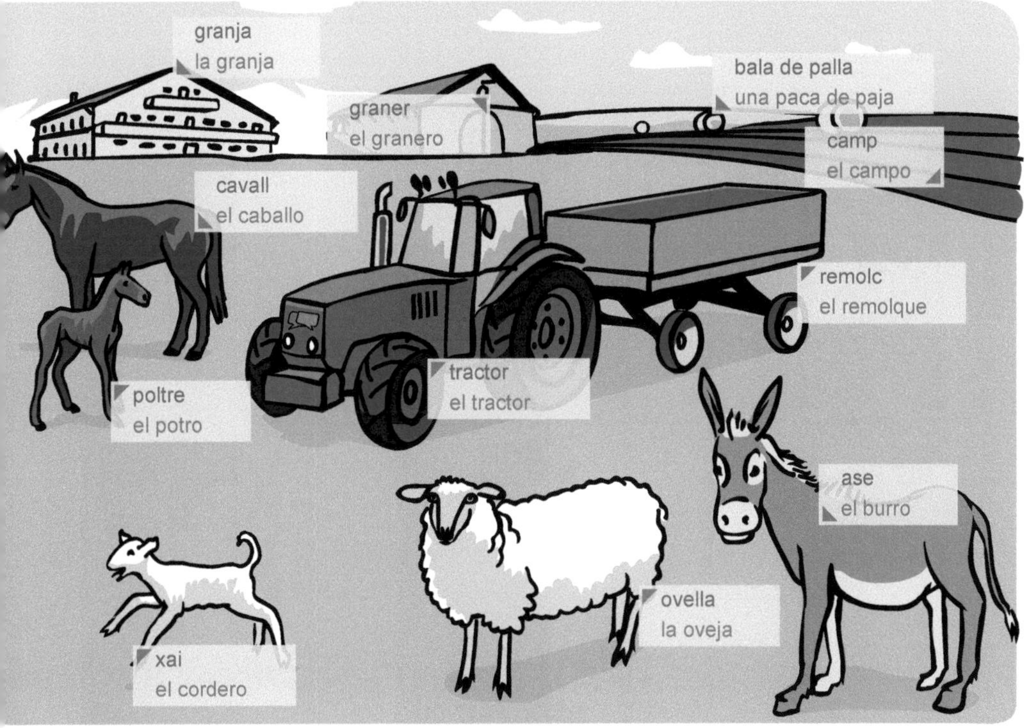
granja
la granja
bala de palla
una paca de paja
graner
el granero
camp
el campo
cavall
el caballo
remolc
el remolque
tractor
el tractor
poltre
el potro
ase
el burro
ovella
la oveja
xai
el cordero

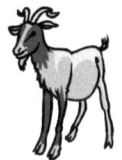

cabra
la cabra

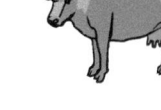

vaca
la vaca

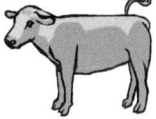

vedella
el ternero

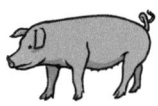

porc
el cerdo

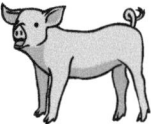

garrí
el lechón

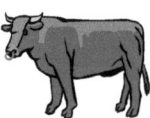

bou
el toro

oca
el ganso

ànec
el pato

poll
el pollo

gall
la gallina

gallina
el gallo

rata
la rata

gat
el gato

ratolí
el ratón

bou
el buey

gos
el perro

gossera
la casa del perro

mànega de regar
la manguera

regadora
la regadera

dalla
la guadaña

arada
el arado

falç
....
la hoz

aixada
....
el azadón

forca
....
la horquilla

destral
....
el hacha

carretó
....
la carretilla

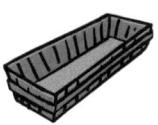

abeurador
....
el bebedero

lletera
....
el bote de leche

sac
....
el saco

tanca
....
la valla

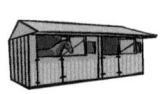

establa
....
el establo

hivernacle
....
el invernadero

sòl
....
el suelo

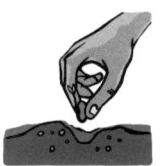

llavor
....
la semilla

adob
....
el fertilizador

collidora
....
la cosechadora

collir
cosechar

collita
la cosecha

nyam
el camote

blat
el trigo

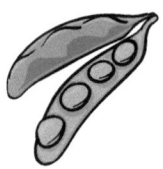

soja
la soja

patata
la patata

blat de moro o d'indi
el maíz

colza
la semilla de colza

arbre fruiter
el árbol frutal

mandioca
la mandioca

cereals
las cereales

casa
la casa

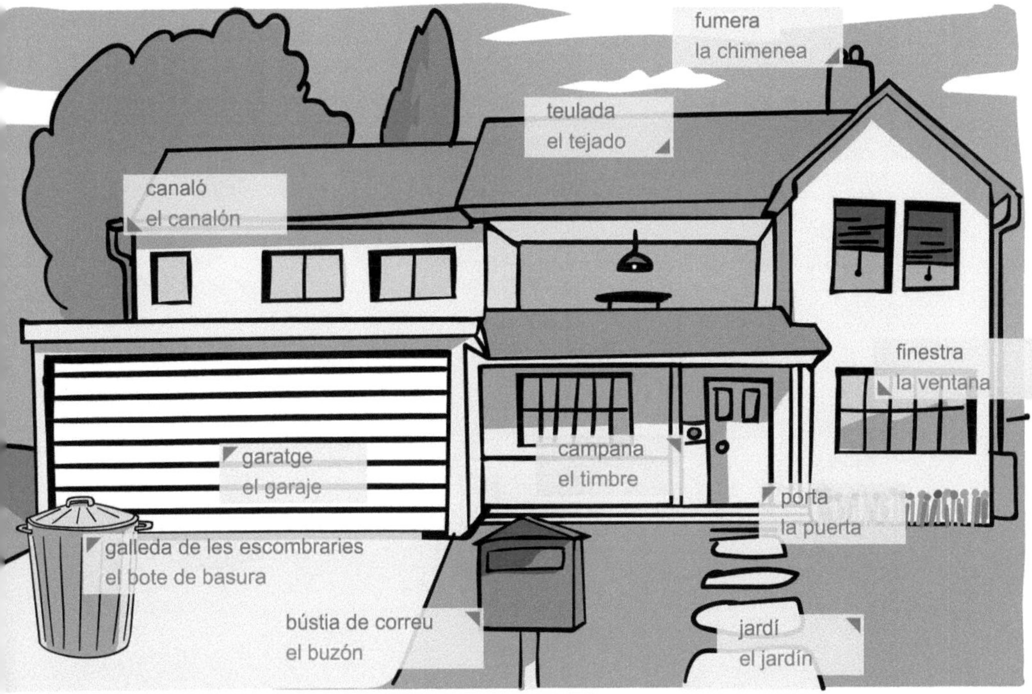

fumera
la chimenea
teulada
el tejado
canaló
el canalón
finestra
la ventana
garatge
el garaje
campana
el timbre
porta
la puerta
galleda de les escombraries
el bote de basura
bústia de correu
el buzón
jardí
el jardín

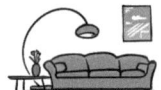

sala d'estar

la estancia

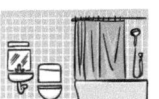

bany

el baño

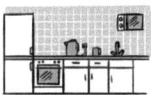

cuina

la cocina

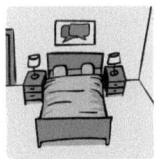

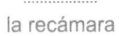

cambra de dormir

la recámara

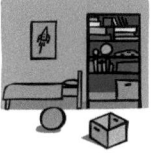

cambra de nen

la recámara de los niños

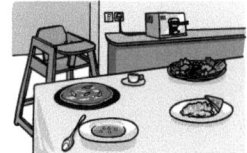

menjador

el comedor

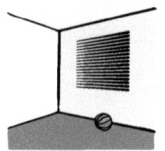

sòl

el suelo

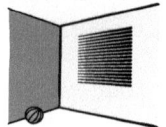

paret

la pared

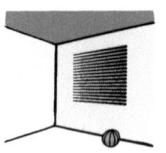

sostre

el techo

soterrani

el sótano

sauna

el sauna

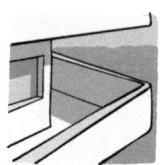

balcó

el balcón

terrassa

la terraza

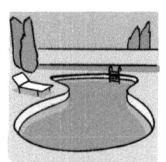

piscina

la alberca

tallagespa

el cortacésped

vànova

la sábana

cobrellit

la colcha

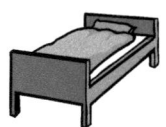

llit

la cama

escombra

la escoba

galleda

el balde

interruptor

el interruptor

sala d'estar
la estancia

paper de paret
el papel para empapelar
quadre
la imagen
làmpada
la lámpara
prestatge
el estante
armari
la alacena
televisor
la televisión
escalfapanxes
la chimenea
flor
la flor
coixí
el cojín
sofà
el sofá
gerro
el florero
telecomanda
el control remoto

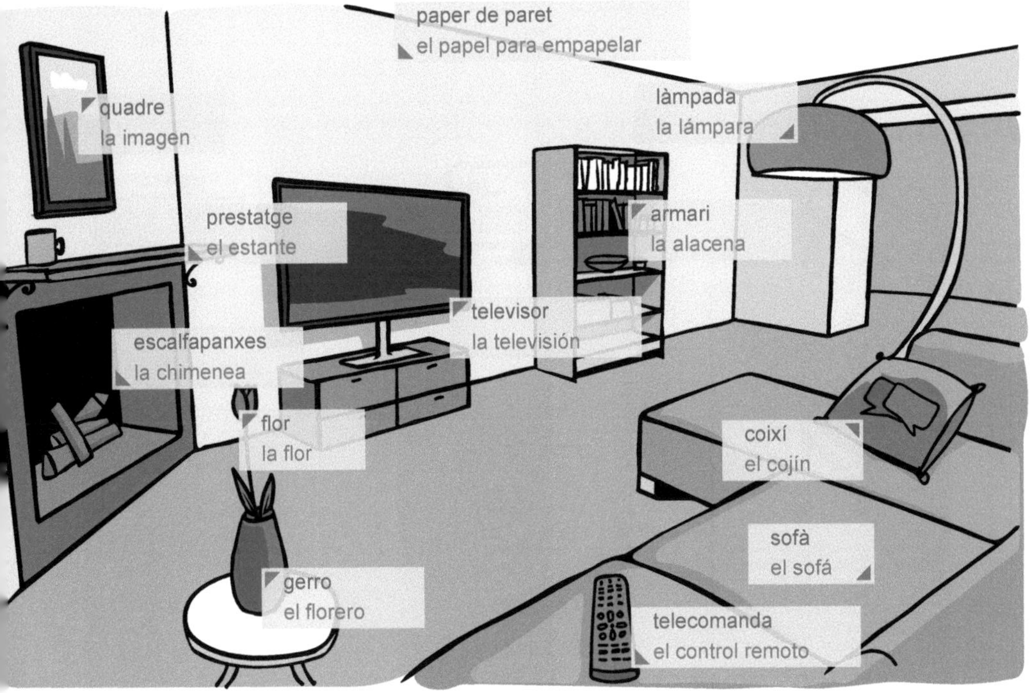

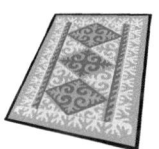

catifa
la alfombra

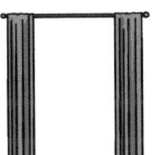

cortina
la cortina

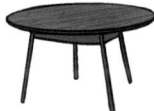

taula
la mesa

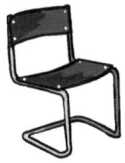

cadira
la silla

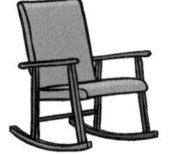

cadira gronxadora
la mecedora

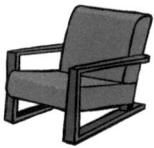

cadiral
el sillón

llibre
el libro

llençol
la frazada

decoració
la decoración

llenya
la leña

film
la película

cadena de música
el equipo de música

clau
la llave

diari
el periódico

pintura
la pintura

cartell
el póster

ràdio
la radio

bloc de notes
el cuaderno

aspiradora
la aspiradora

cactus
el cactus

candela
la vela

cuina
la cocina

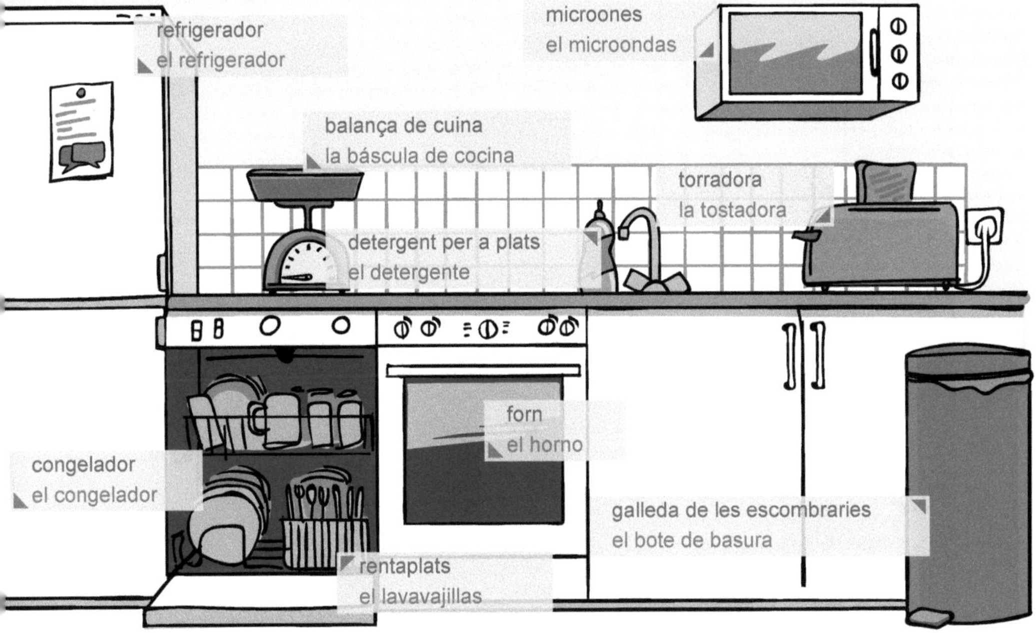
refrigerador
el refrigerador
microones
el microondas
balança de cuina
la báscula de cocina
torradora
la tostadora
detergent per a plats
el detergente
forn
el horno
congelador
el congelador
galleda de les escombraries
el bote de basura
rentaplats
el lavavajillas

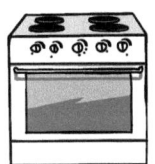

cuina de fogons
....
la olla a presión

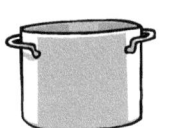

olla
....
la olla

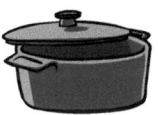

olla de ferro colat
....
la olla de hierro fundido

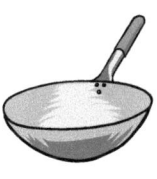

wok / karahi
....
el wok

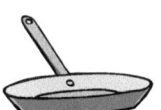

paella
....
la sartén

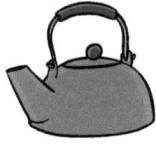

bullidor
....
el hervidor

olla de vapor

la vaporera

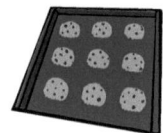

plata de forn

la charola de horno

vaixella

la loza

tassa grossa

la taza

bol

el bol

bastonets xinesos

los palillos

culler

. el cucharón

espàtula

la espátula

batedor

la batidora

colador

el colador

sedàs

el colador

ratllador

el rallador

morter

el mortero

barbacoa

la barbacoa

foc a terra

la fogata

taula de tallar

la tabla para picar

corró

el rodillo para amasar

llevataps

el sacacorchos

pot de conserva

la lata

obridor

el abrelatas

agafador

el guante de cocina

aigüera

el fregadero

raspall

el cepillo

esponja

la esponja

batedora

la batidora

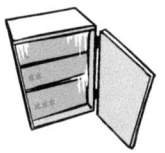

congelador

el congelador

biberó

el biberón

aixeta

la llave

bany
el baño

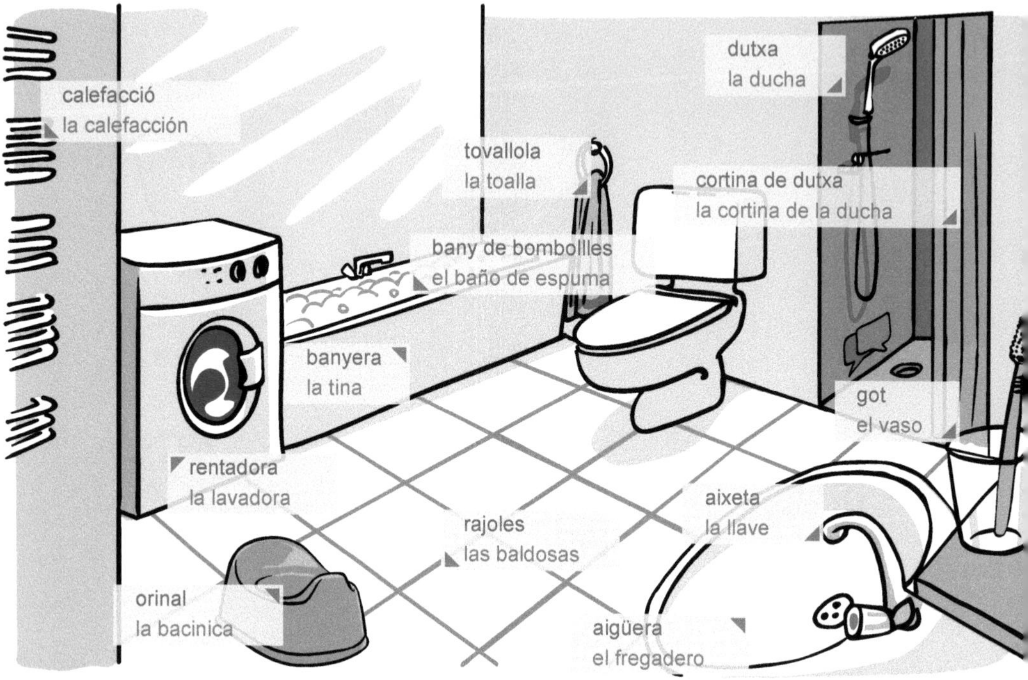
calefacció
la calefacción
dutxa
la ducha
tovallola
la toalla
cortina de dutxa
la cortina de la ducha
bany de bombollles
el baño de espuma
banyera
la tina
got
el vaso
rentadora
la lavadora
aixeta
la llave
rajoles
las baldosas
orinal
la bacinica
aigüera
el fregadero

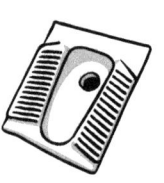

lavabo
el inodoro

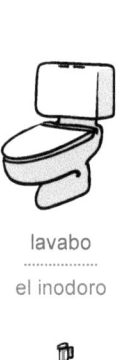

lavabo turc
la letrina

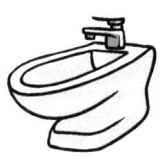

bidet
el bidé

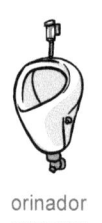

orinador
el mingitorio

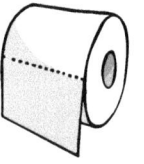

paper higiènic
el papel higiénico

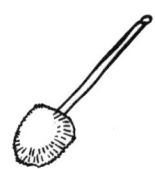

escombreta de sanitari
el cepillo para baño

raspall de dents

el cepillo de dientes

pasta de dents

la pasta dental

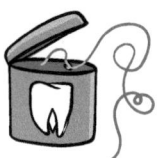

fil dental

el hilo dental

rentar

lavar

pom de dutxa

la ducha de mano

dutxa íntima

la ducha vaginal

rentamans

el fregadero

raspall per a l'esquena

el cepillo de espalda

sabó

el jabón

gel de dutxa

el gel de ducha

xampú

el champú

manyopla de bany

la toallita

bonera

el drenaje

crema

la crema

desodorant

el desodorante

mirall

el espejo

mirall-espill de mà

el espejo de tocador

maquineta de rasar

la máquina para afeitar

espuma de barbejar

la espuma de afeitar

loció post-rasada

la loción para después de afeitar

pinta

el peine

raspall

el cepillo

eixugador

la secadora

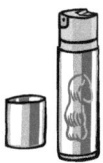

laca

la laca

maquillatge

el maquillaje

pintallavis

el lápiz labial

esmalt d'ungles

el esmalte para uñas

cotó

el algodón

tallaungles

las tijeras para uñas

perfum

el perfume

estoig de bellesa

el estuche para cosméticos

tamboret

el taburete

bàscula

la báscula

barnús

la bata

guants de goma

los guantes de goma

compresa higiènica

el tampón

compresa

la toalla sanitaria

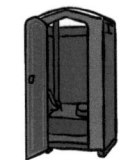

sanitari químic

el baño móvil

cambra de nen
la recámara de los niños

despertador
el despertador
animal de peluix
el peluche
auto de joguina
el carro de juguete
sonall
la sonaja
casa de nines
la casa de muñecas
present
el regalo

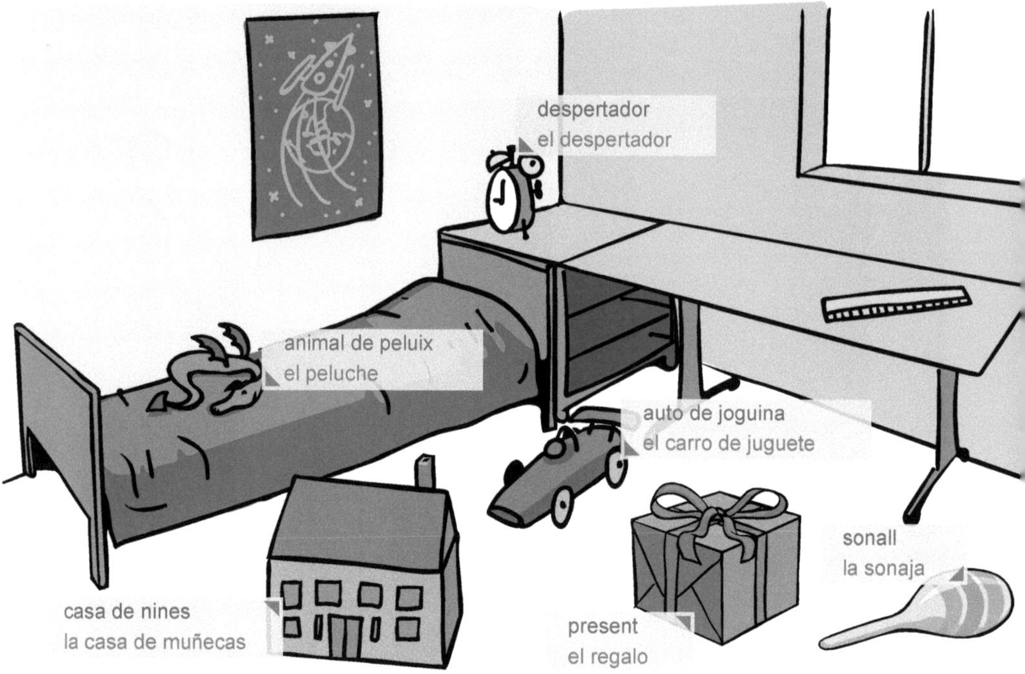

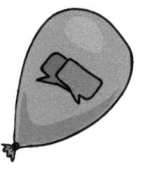

baló
el globo

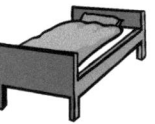

llit
la cama

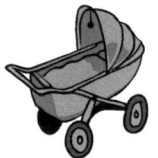

cotxet per a nens
la carriola

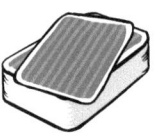

joc de cartes
las cartas

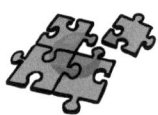

trencaclosca
el rompecabezas

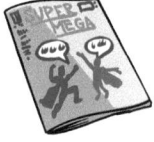

historieta
el cómic

peces de lego
las piezas de lego

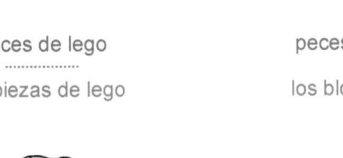

peces de construcció
los bloques para jugar

ninot d'acció
la figura de acción

granota
el mameluco

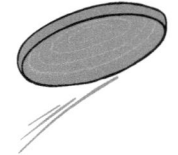

frisbee
el frisbee

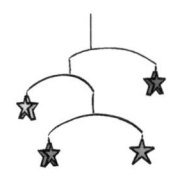

mòbil per a bressol
el móvil para bebés

joc de taula
el juego de mesa

daus
los dados

tren elèctric
el tren eléctrico

xumet
el maniquí

festa
la fiesta

llibre de dibuixos
el álbum de fotos

pilota
el balón

nina
la muñeca

jugar
jugar

sorrera

el arenero

gronxador

el columpio

joguines

los juguetes

consola de jocs de vídeo

la consola de videojuegos

tricicle

el triciclo

osset de peluix

el oso de peluche

armari

el clóset

roba

la ropa

mitjons

los calcetines

mitges

las pantimedias

mitja pantaló

las mallas

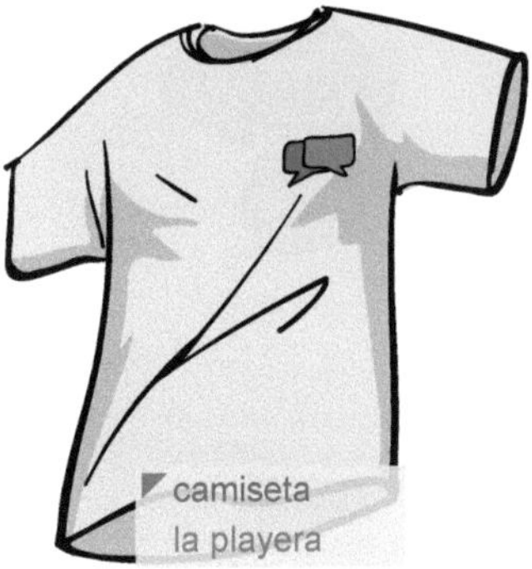

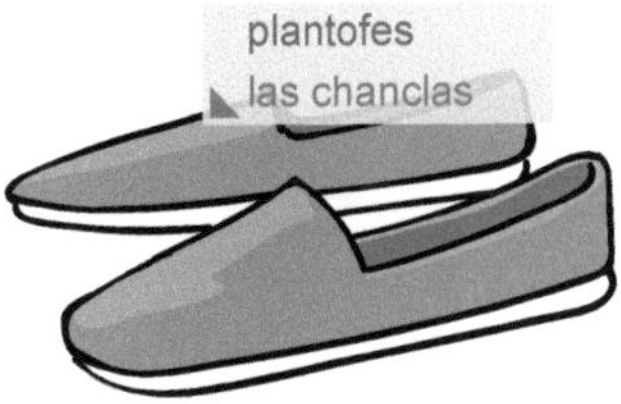

tapacoll
la bufanda

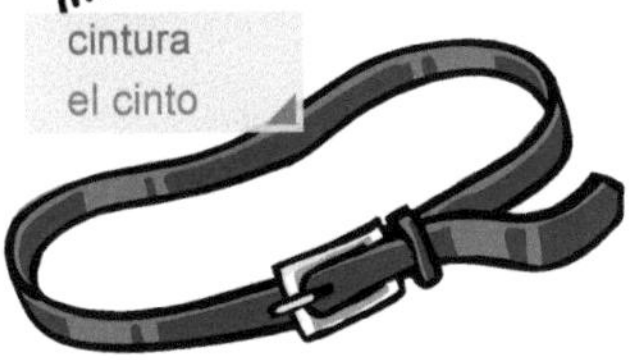

paraigua
el paraguas

camiseta
la playera

cintura
el cinto

botes
las botas

plantofes
las chanclas

sabates d'esport
los tenis

sandàlies
....
las sandalias

sabates
....
los zapatos

botes de goma
....
las botas de goma

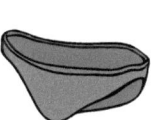

calçonets
....
la ropa interior

sostenidor
....
el brasier

guardapits
....
el chaleco

jjustacòs
el body

pantalons
los pantalones

jeans
los pantalones de mezclilla

faldeta
la falda

brusa
la blusa

camisa
la camisa

jersei
el suéter

dessuadora
la sudadera

blazer
el saco sport

jaqueta
la chamarra

mantell
el abrigo

impermeable
el impermeable

vestit de dona
el traje

vestit de dona
el vestido

vestit de núvia
el vestido de novia

vestit d'home

el traje

camisa de dormir

el camisón

pijama

el pijama

sari

el sari

mocador de cap

el pañuelo para la cabeza

turbant

el turbante

burca

la burka

caftan

el caftán

abaia

la abaya

vestit de bany

el traje de baño

calçon(et)s de bany

el short de baño

pantalons curts

los shorts

xandall

los pants

davantal

el delantal

guants

los guantes

botó

el botón

ulleres

las gafas

braçalet

el brazalete

collaret

el collar

anell

el anillo

orellera

el arete

casquet

la gorra

penjador

el gancho

capell

el sombrero

corbata

la corbata

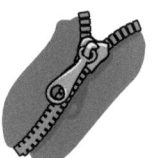

cremallera

el cierre

casc

el casco

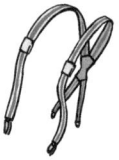

elàstics

los tirantes

uniforme escolar

el uniforme

uniforme

el uniforme

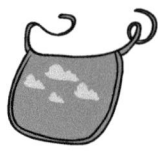

pitet

el babero

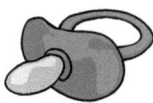

xumet

el maniquí

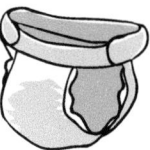

bolquer

el pañal

oficina
la oficina

servidor
el servidor
armari arxivador
el archivo
impressora
la impresora
paper
el papel
monitor
el monitor
ratolí
el mouse
escriptori
el escritorio
arxivador
la carpeta
teclat
el teclado
paperera
el bote de basura
ordinador
la computadora
cadira
la silla

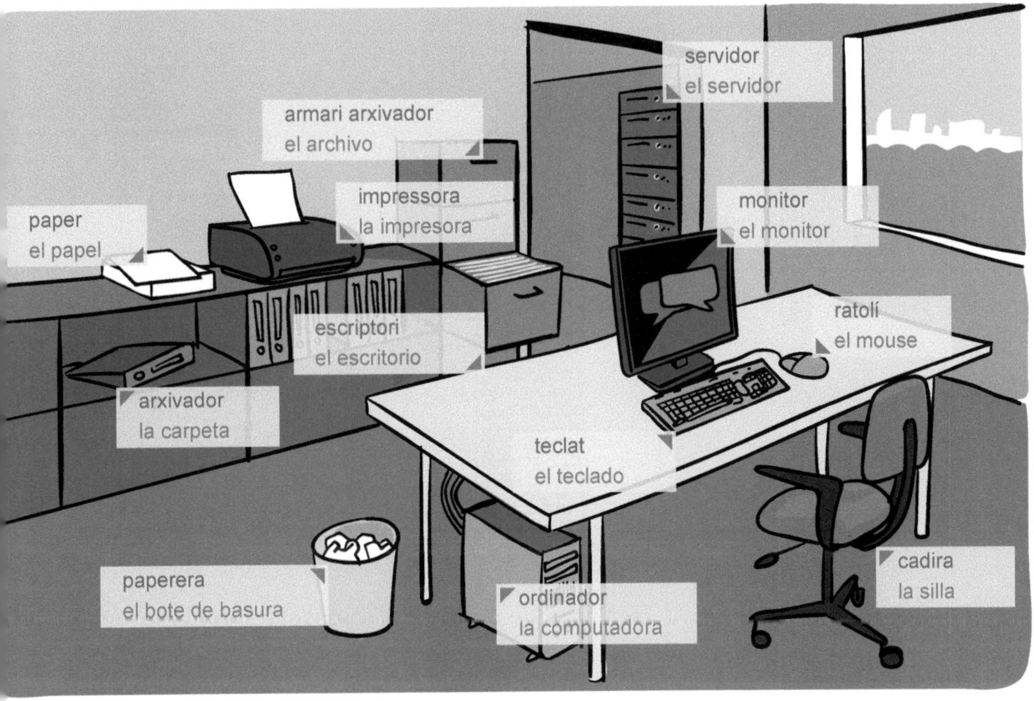

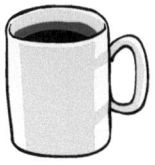

tassa de cafè

la taza de café

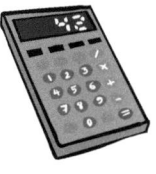

calculadora

la calculadora

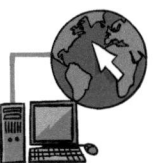

Internet

el internet

ordinador portàtil

la notebook

lletra

la carta

missatge

el mensaje

mòbil

el móvil

xarxa

la red

fotocopiadora

la fotocopiadora

programari

el software

telèfon

el teléfono

presa de corrent

el tomacorriente

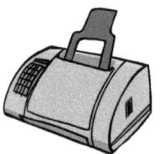

fax

el fax

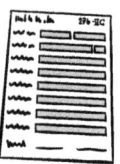

formulari

el formulario

document

el documento

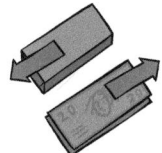

comprar

comprar

pagar

pagar

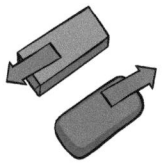

comerciar

hacer negocios

diners

el dinero

dòlar

el dólar

euro

el euro

ien

el yen

ruble

el rublo

franc suís

el franco suizo

renminbi

el yuan

rupia

la rupia

caixa automàtica

el cajero automático

oficina de canvi
....
la casa de cambio

or
....
el oro

argent
....
la plata

petroli
....
el petróleo

energia
....
la energía

preu
....
el precio

contracte
....
el contrato

impost
....
el impuesto

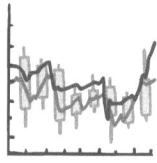

acció
....
la acción

treballar
....
trabajar

treballador
....
el empleado

empresari
....
el empleador

fàbrica
....
la fábrica

botiga
....
la tienda

oficis

las ocupaciones

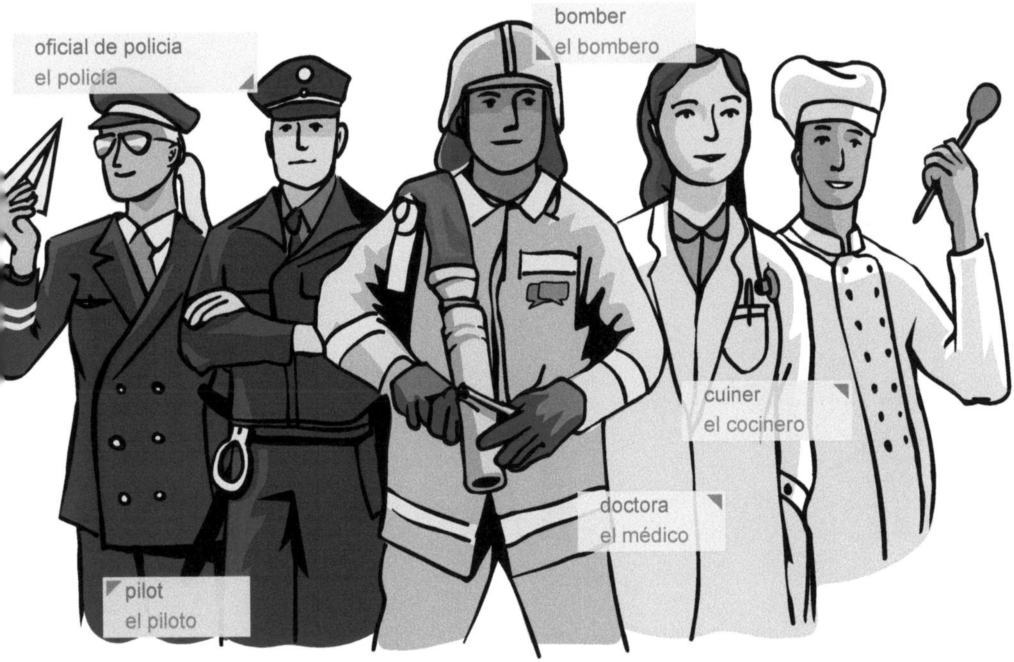

oficial de policia
el policía
bomber
el bombero
cuiner
el cocinero
doctora
el médico
pilot
el piloto

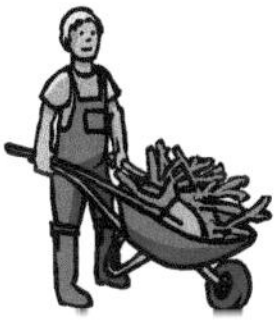

jardiner

el jardinero

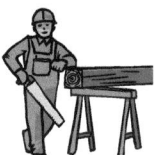

fuster

el carpintero

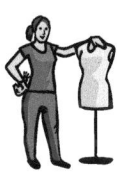

costurera

la costurera

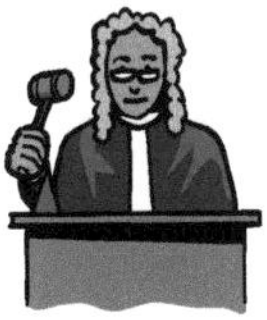

jutge

el juez

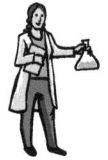

química

el farmacéutico

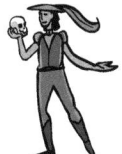

actor

el actor

conductor d'autobús
el conductor de autobús

taxista
el taxista

pescador
el pescador

dona de la neteja
la señora de la limpieza

ensostrador
el instalador de techos

cambrer
el camarero

caçador
el cazador

pintor
el pintor

forner
el panadero

electricista
el electricista

obrer de la construcció
el obrero

enginyer
el ingeniero

carnisser
el carnicero

llanterner
el plomero

correu
el cartero

soldat

el soldado

arquitecte

el arquitecto

caixera

el cajero

florista

el florista

perruquer

el peluquero

revisor

el cobrador

mecànic

el mecánico

capità

el capitán

dentista

el dentista

cientìfic

el científico

rabí

el rabino

imam

el imán

monjo

el monje

capellà

el sacerdote

eines
las herramientas

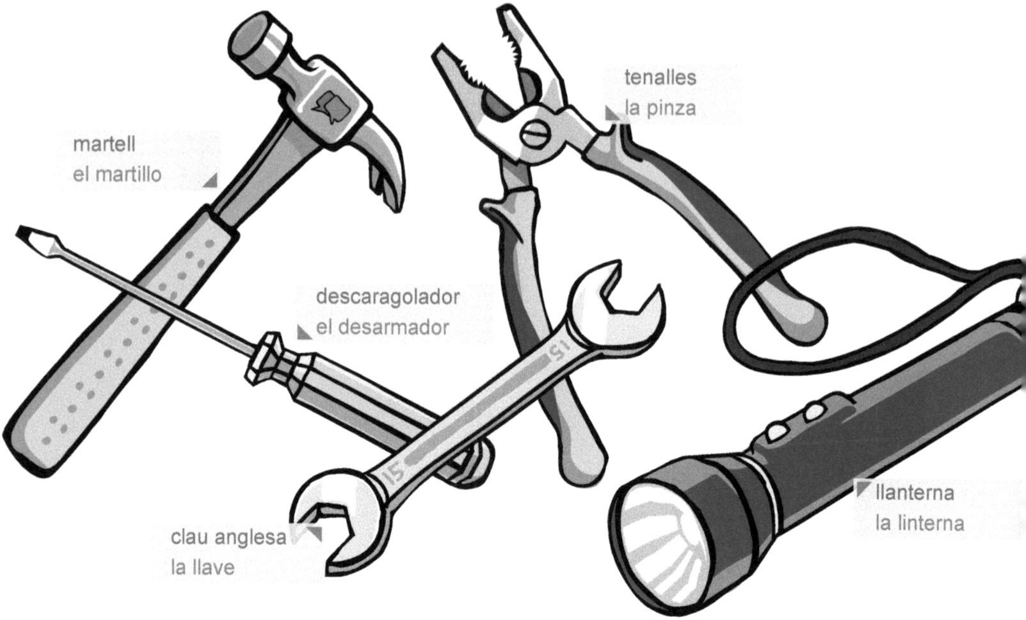
martell
el martillo
tenalles
la pinza
descaragolador
el desarmador
clau anglesa
la llave
llanterna
la linterna

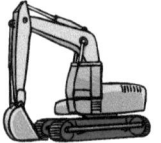

excavadora

la excavadora

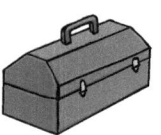

caixa d'eines

la caja de herramientas

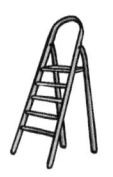

escala

la escalera de mano

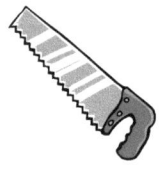

serra

la sierra

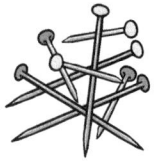

claus

los clavos

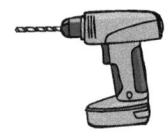

trepant

el taladro

reparar
reparar

pala
la pala

Maleït siga!
¡Maldición!

pala
el recogedor

pot de pintura
el bote de pintura

caragols
los tornillos

instrument de música
los instrumentos musicales

bateria
la batería

altaveu
el altavoz

guitarra
la guitarra

contrabaix
el contrabajo

trompeta
la trompeta

piano
el piano

violí
el violín

baix
el bajo

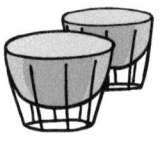

timbal
los timbales

tambor
el tambor

teclat
el teclado

saxofon
el saxofón

flauta
la flauta

micròfon
el micrófono

zoo

el zoológico

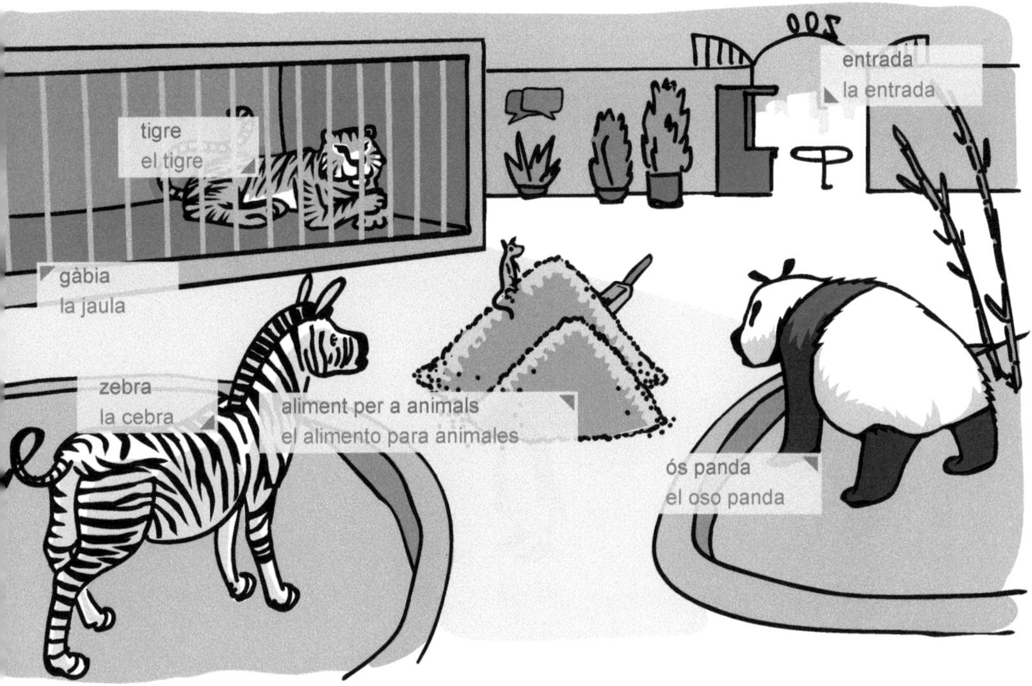

tigre
el tigre
entrada
la entrada
gàbia
la jaula
zebra
la cebra
aliment per a animals
el alimento para animales
ós panda
el oso panda

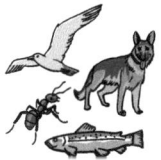

animals

los animales

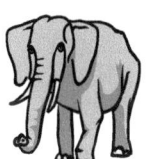

elefant

el elefante

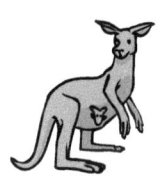

cangurú

el canguro

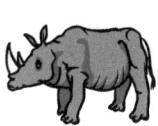

rinoceront

el rinoceronte

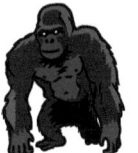

goril·la

el gorila

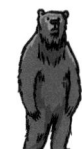

ós

el oso

camell

el camello

estruç

el avestruz

lleó

el león

simi

el mono

flamenc

el flamenco

papagai

el loro

ós polar

el oso polar

pingüí

el pingüino

ca mari

el tiburón

paó

el pavo real

serp

la serpiente

cocodril

el cocodrilo

guardià del zoo

el guardián de zoológico

foca

la foca

jaguar

el jaguar

poni

el poni

lleopard

el leopardo

hipopòtam

el hipopótamo

girafa

la jirafa

àliga

el águila

senglar

el jabalí

peix

el pescado

tortuga

la tortuga

morsa

la morsa

guineu

el zorro

gasela

la gacela

zoo - el zoológico

futbol americà
el fútbol americano

ciclisme
el ciclismo

tenis
el tenis

bàsquet
el baloncesto

natació
la natación

hoquei sobre gel
el hockey sobre hielo

boxa
el boxeo

futbol americà
el fútbol

bàdminton
el bádminton

atletisme
el atletismo

handbol
el handball

esquí
el esquí

polo
el polo

activitats
las actividades

riure
reír
saltar
saltar
abraçar
abrazar
anar
caminar
cantar
cantar
somiar
soñar
pregar
rezar
fer un petó
besar

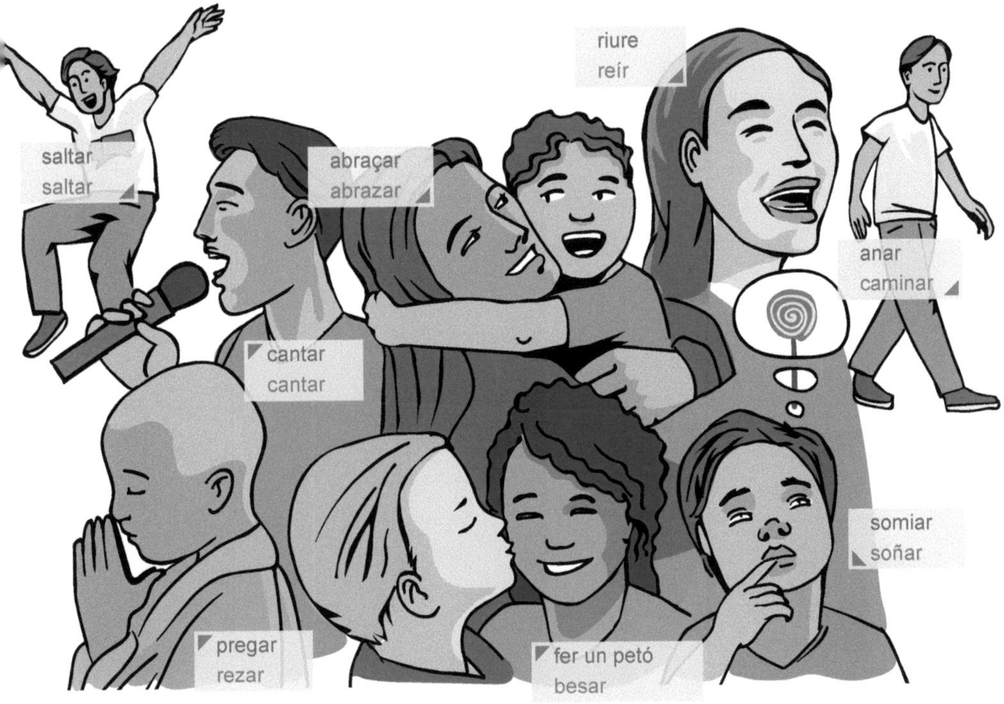

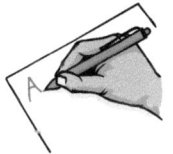

escriure
escribir

dibuixar
dibujar

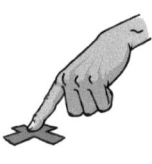

mostrar
mostrar

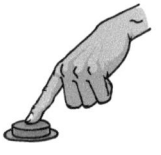

pitjar
empujar

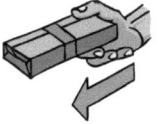

donar
dar

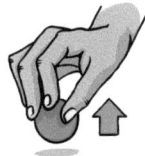

prendre
tomar

tenir
tener

fer
hacer

ésser
ser

estar dret
estar parado

córrer
correr

estirar
jalar

llançar
arrojar

caure
caer

jeure
estar acostado

esperar
esperar

portar
llevar

asseure's
estar sentado

vestir-se
vestirse

dormir
dormir

despertar-se
despertar

mirar
mirar

plorar
llorar

amoixar
acariciar

pentinar
peinar

parlar
hablar

comprendre
entender

demanar
preguntar

escoltar
escuchar

beure
beber

menjar
comer

endreçar
ordenar

estimar
amar

cuinar
cocinar

conduir
conducir

volar
volar

activitats - las actividades

navegar

navegar

calcular

calcular

llegir

leer

aprendre

aprender

treballar

trabajar

casar-se

casarse

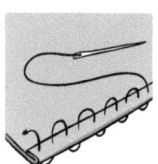

cosir

coser

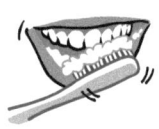

raspallar-se les dents

cepillarse los dientes

matar

matar

fumar

fumar

enviar

enviar

família
la familia

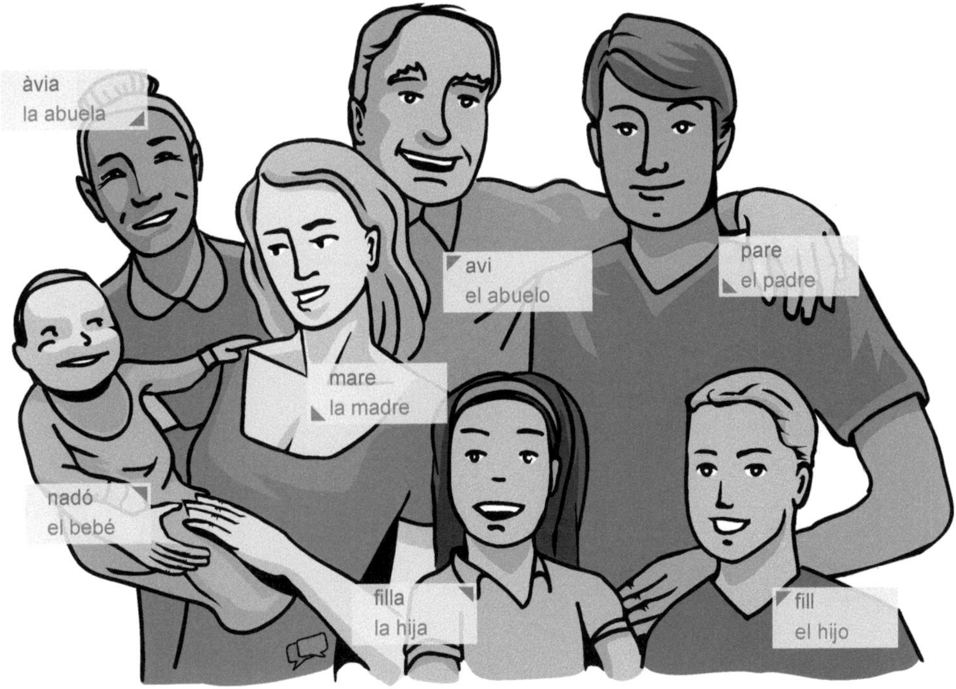
àvia
la abuela
avi
el abuelo
pare
el padre
mare
la madre
nadó
el bebé
filla
la hija
fill
el hijo

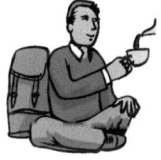

convidat

el invitado

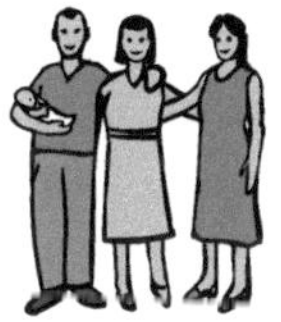

tia

la tía

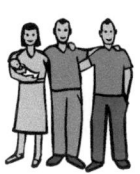

oncle

el tío

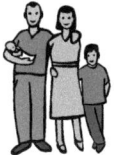

germà

el hermano

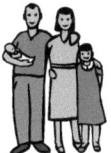

germana

la hermana

cos
el cuerpo

front
la frente
ull
el ojo
espatlla
el hombro
dit
el dedo
cara
la cara
barbeta
la barbilla
mà
la mano
cama
la pierna
pit
el pecho
braç
el brazo

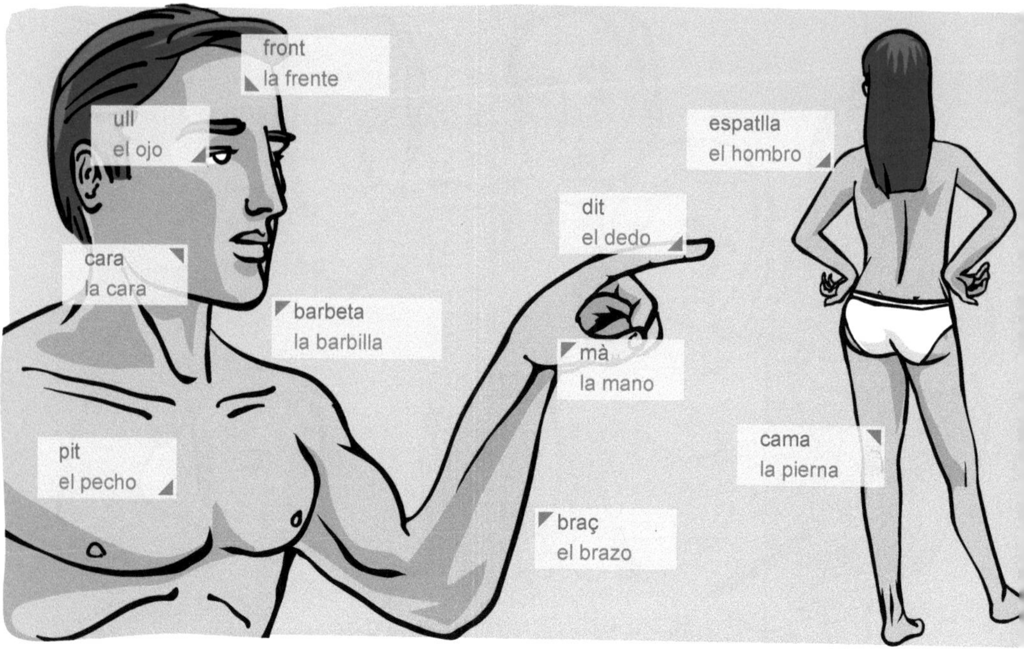

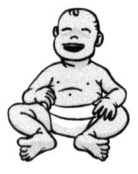

nadó
el bebé

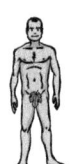

home
el hombre

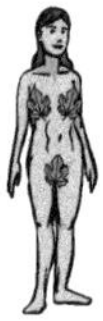

dona
la mujer

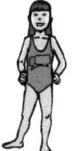

noia
la niña

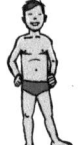

noi
el niño

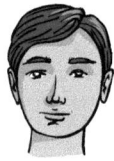

cap
la cabeza

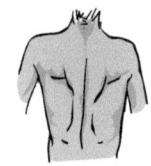

esquena
....
la espalda

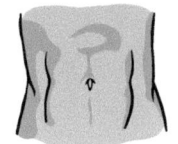

panxa
....
la barriga

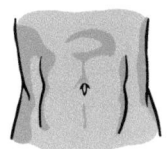

melic
....
el ombligo

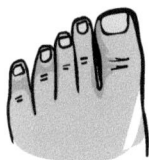

dit gros del peu
....
el dedo del pie

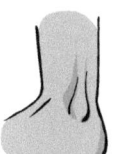

taló
....
el talón

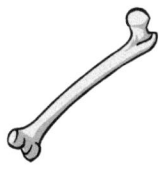

os
....
el hueso

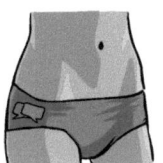

maluc
....
la cadera

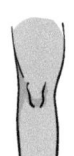

genoll
....
la rodilla

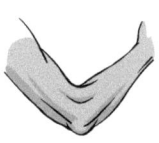

colze
....
el codo

nas
....
la nariz

cul
....
las pompis

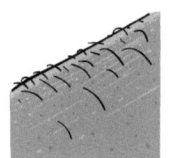

pell
....
la piel

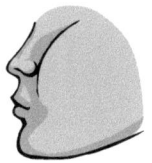

galta
....
la mejilla

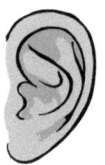

orella
....
el oído

llavi
....
el labio

boca

la boca

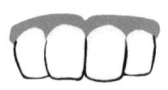

dent

el diente

llengua

la lengua

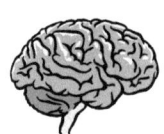

cervell

el cerebro

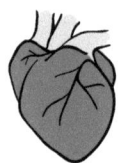

cor

el corazón

múscul

el músculo

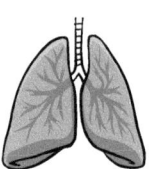

pulmó

el pulmón

fetge

el hígado

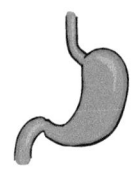

estómac

el estómago

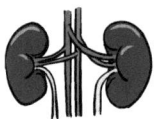

ronyó

los riñones

relació sexual

el sexo

preservatiu

el condón

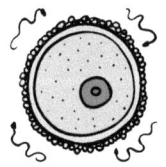

ovari

el óvulo

semen

el semen

prenyat

el embarazo

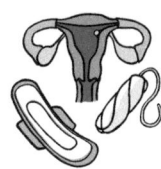

menstruació
la menstruación

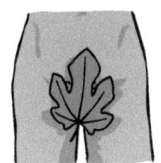

vagina
la vagina

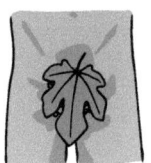

penis
el pene

cella
la ceja

cabells
el cabello

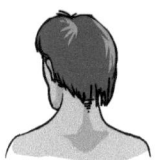

coll
el cuello

hospital
el hospital

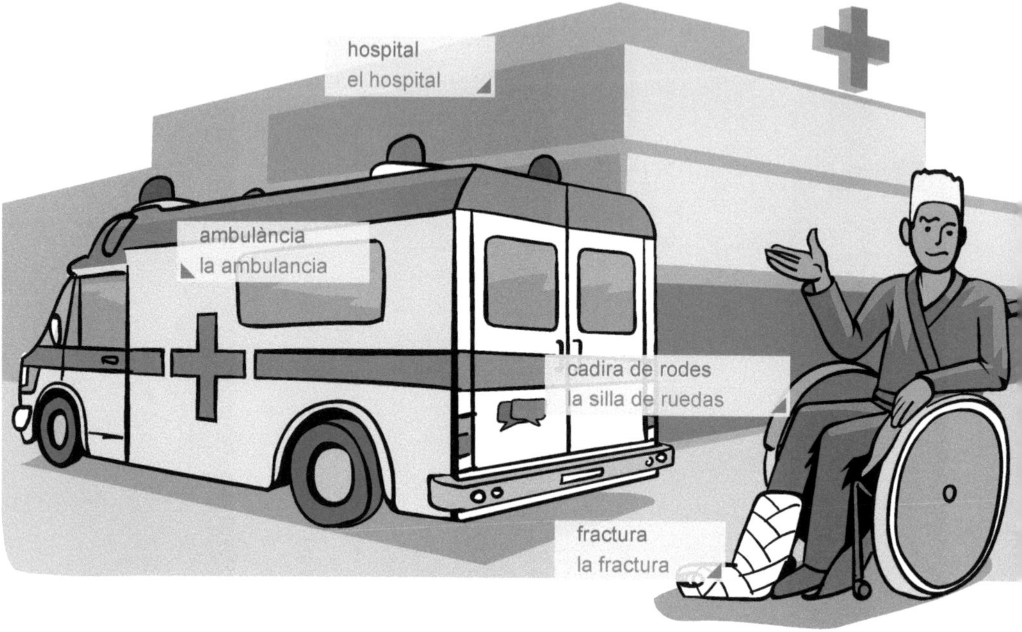

hospital
el hospital
ambulància
la ambulancia
cadira de rodes
la silla de ruedas
fractura
la fractura

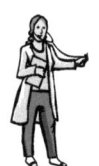

doctora
el médico

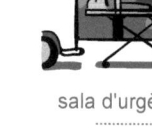

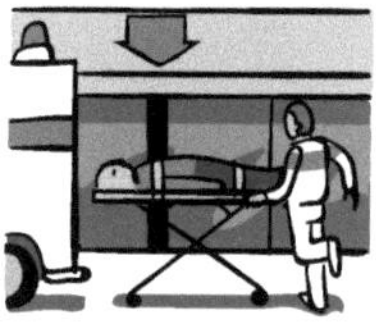

sala d'urgències
la sala de emergencias

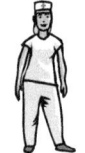

infermera
la enfermera

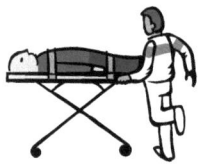

urgència
la emergencia

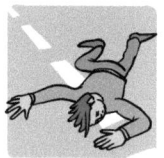

inconscient
inconsciente

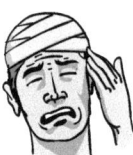

dolor
el dolor

ferida

la lesión

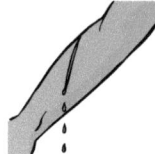

sagnament

la hemorragia

atac de cor

el infarto

apoplexia

el accidente
cerebrovascular

al·lèrgia

la alergia

tos

la tos

febre

la fiebre

gripa

la gripa

diarrea

la diarrea

mal de cap

el dolor de cabeza

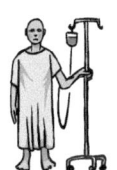

càncer

el cáncer

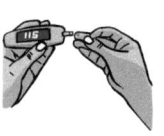

diabetis

la diabetes

cirurgià

el cirujano

escalpel

el bisturí

operació

la operación

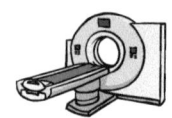

tomografia computada (TC), TAC
TC

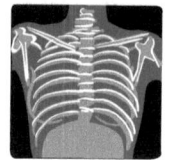

raigs x
los rayos x

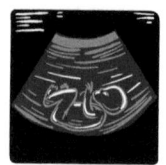

ultrasò
el ultrasonido

mascareta
la mascarilla

malaltia
la enfermedad

sala d'espera
la sala de espera

crossa
la muleta

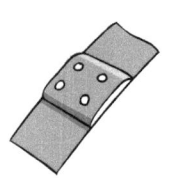

tireta
la vendita

embenat
el vendaje

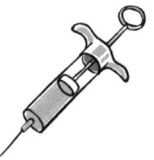

injecció
la inyección

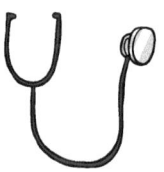

estetoscopi
el estetoscopio

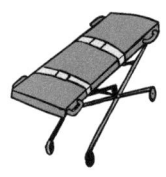

llitera
la camilla

termòmetre clínic
el termómetro

pariment
el nacimiento

sobrepès
el sobrepeso

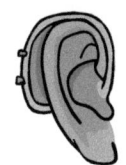

aparell auditiu

el audífono

desinfectant

el desinfectante

infecció

la infección

virus

el virus

VIH / SIDA

VIH / SIDA

medicina

la medicina

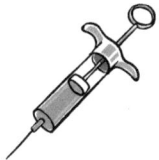

vaccí

la vacunación

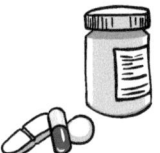

comprimits

las tabletas

píl·lola

la pastilla anticonceptiva

trucada d'urgència

la llamada de emergencia

tensiòmetre

el medidor de presión

malalt / sà

enfermo / sano

Socors!

¡Socorro!

alarma

la alarma

assalt

la agresión

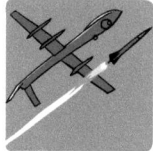

atac

el ataque

perill

el peligro

sortida-eixida d'urgència

la salida de emergencia

Foc!

¡Fuego!

extintor

el extintor de incendios

accident

el accidente

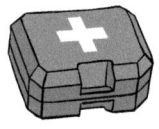

farmaciola de primers auxilis

el botiquín de primeros auxilios

SOS

SOS

policia

la policía

Europa

Europa

Amèrica del Nord

Norteamérica

Amèrica del Sud

Sudamérica

Àfrica

África

Àsia

Asia

Austràlia

Australia

Atlàntic

el Atlántico

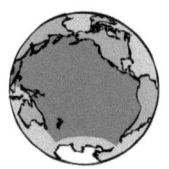

Pacífic

el Pacífico

Oceà Índic

el Océano Índico

Oceà Antàrtic

el Océano Antártico

Oceà Àrtic

el Océano Ártico

pol nord

el polo norte

pol sud

el polo sur

Antàrtida

la Antártida

terra

la tierra

país

la tierra

mar

el mar

illa

la isla

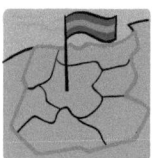

nació

la nación

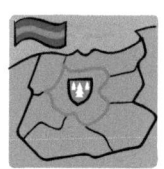

estat

el estado

quadrant
la esfera

agulla de les hores
la manecilla de las horas

agulla dels minuts
el minutero

agulla dels segons
el segundero

Quina hora és?
¿Qué hora es?

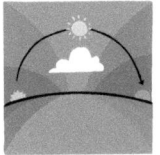

dia
el día

temps
la hora

ara
ahora

rellotge digital
el reloj digital

minut
el minuto

hora
la hora

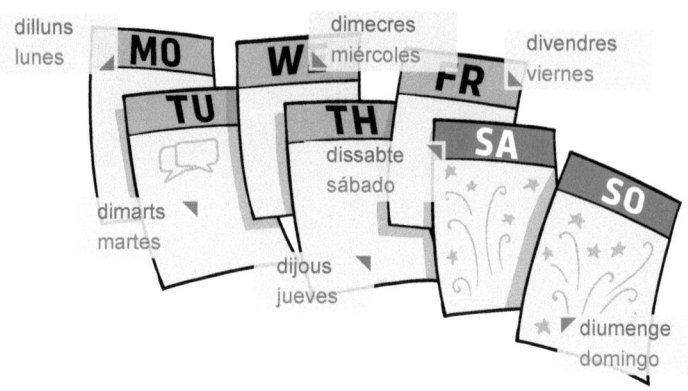

dilluns / lunes — MO
dimecres / miércoles — W
divendres / viernes — FR
dimarts / martes — TU
dissabte / sábado — TH — SA
dijous / jueves
diumenge / domingo — SO

ahir

ayer

avui

hoy

demà

mañana

matí

la mañana

migdia

el mediodía

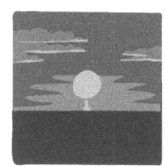

tarda

la tarde

MO	TU	WE	TH	FR	SA	SU
1	2	3	4	5	6	7
8	9	10	11	12	13	14
15	16	17	18	19	20	21
22	23	24	25	26	27	28
29	30	31	1	2	3	4

dia feiner

los días laborables

MO	TU	WE	TH	FR	SA	SU
1	2	3	4	5	6	7
8	9	10	11	12	13	14
15	16	17	18	19	20	21
22	23	24	25	26	27	28
29	30	31	1	2	3	4

cap de setmana

el fin de semana

any

el año

pluja
la lluvia
arc de Sant Martí
el arco iris
neu
la nieve
vent
el viento
primavera
la primavera
tardor
el otoño
estiu
el verano
hivern
el invierno

4.APRIL 11°
5.APRIL 4°
6.APRIL 13°
7.APRIL 8°
8.APRIL 10°

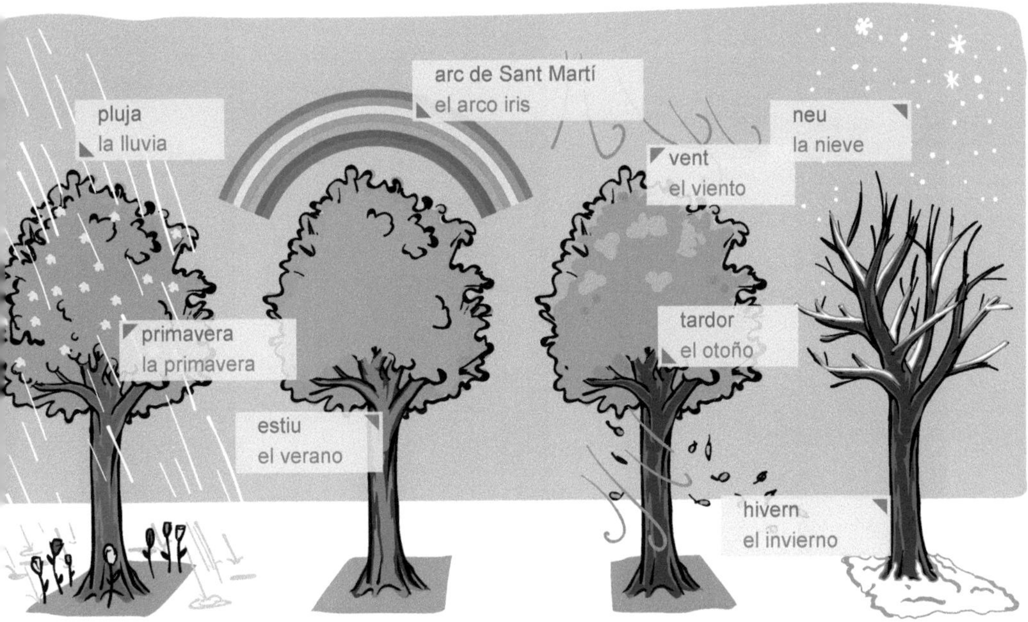

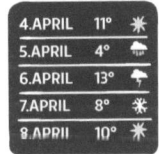

pronòstic del temps

el pronóstico del tiempo

F
C
120
90
60
30
0
-30
40
30
20
10
0
-10
-20

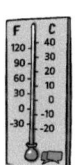

termòmetre

el termómetro

llum del sol

el sol

núvol

la nube

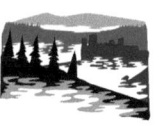

boira

la niebla

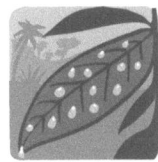

humiditat de l'aire

la humedad

llamp

el rayo

tro

el trueno

tempesta

la tormenta

calamarsa

el granizo

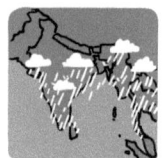

monsó

el monzón

inundació

la inundación

gel

el hielo

gener

enero

febrer

febrero

març

marzo

abril

abril

maig

mayo

juny

junio

juliol

julio

agost

agosto

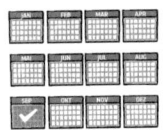

setembre
septiembre

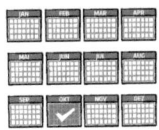

octubre
octubre

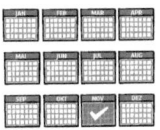

novembre
noviembre

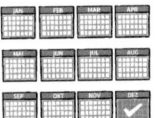

desembre
diciembre

formes

las formas

cercle
el círculo

quadrat
el cuadrado

rectangle
el rectángulo

triangle
el triángulo

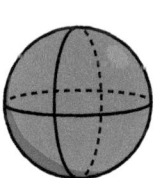

esfera
la esfera

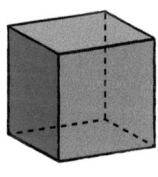

cub
el cubo

blanc

blanco

groc

amarillo

taronja

naranja

rosa

rosa

vermell

rojo

lila

morado

blau

azul

verd

verde

marró

marrón

gris

gris

negre

negro

molt / poc

mucho / poco

emprenyat / tranquil

enojado / tranquilo

bonic / lleig

bonito / feo

començament / fi

principio / fin

gran / petit

grande / pequeño

clar / fosc

claro / oscuro

germà / germana

el hermano / la hermana

net / brut

limpio / sucio

complet / incomplet

completo / incompleto

dia / nit

el día / la noche

mort / viu

muerto / vivo

ample / estret

ancho / angosto

comestible / immenjable

comestible / no comestible

dolent / amable

malo / amable

entusiasmat / entediat

entusiasmado / aburrido

gros / prim

gordo / delgado

primer / darrer

primero / último

amic / enemic

el amigo / el enemigo

ple / buit

lleno / vacío

dur / tou

duro / blando

pesant / lleuger

pesado / ligero

gana / set

el hambre / la sed

malalt / sà

enfermo / sano

il·legal / legal

ilegal / legal

intel·ligent / ximple

inteligente / tonto

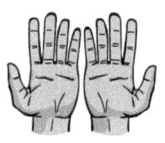

esquerra / dreta

izquierda / derecha

prop / llunyà

cerca / lejos

nou / usat
nuevo / usado

res / quelcom
nada / algo

vell / jove
viejo / joven

encès / apagat
encendido / apagado

obert / tancat
abierto / cerrado

silenciós / sorollós
silencioso / ruidoso

ric / pobre
rico / pobre

correcte / incorrecte
correcto / incorrecto

aspre / suau
áspero / suave

triot / content
triste / contento

curt / llarg
corto / largo

lent / ràpid
lento / rápido

humit / sec - eixut
húmedo / seco

calent / fred
caliente / frío

guerra / pau
guerra / paz

0	**1**	**2**
zero	u	dos
cero	uno	dos

3	**4**	**5**
tres	quatre	cinc
tres	cuatro	cinco

6	**7**	**8**
sis	set	vuit
seis	siete	ocho

9	**10**	**11**
nou	deu	onze
nueve	diez	once

12

dotze
doce

13

tretze
trece

14

catorze
catorce

15

quinze
quince

16

setze
dieciséis

17

disset
diecisiete

18

divuit
dieciocho

19

dinou
diecinueve

20

vint
veinte

100

cent
cien

1.000

mil
mil

1.000.000

milió
el millón

los idiomas

anglès

el inglés

anglès americà

el inglés americano

xinès mandarí

el chino mandarín

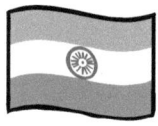

hindi

el hindi

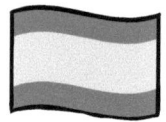

espanyol

el español

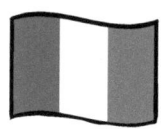

francès

el francés

àrab

el árabe

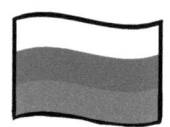

rus

el ruso

portuguès

el portugués

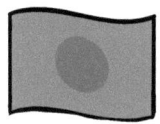

bengalí

el bengalí

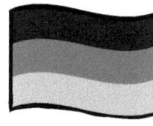

alemany

el alemán

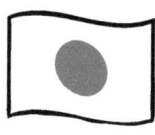

japonès

el japonés

jo
yo

tu
tú

ell / ella / allò
él / ella

nosaltres
nosotros

vosaltres
vosotros

ells
ellos

qui?
¿quién?

què?
¿qué?

com?
¿cómo?

on?
¿dónde?

quan?
¿cuándo?

nom
el nombre

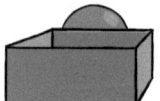

darrere
....
detrás

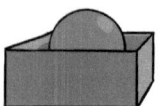

en
....
en

davant de
....
delante de

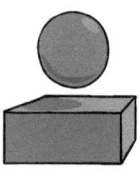

damunt
....
por encima de

sobre
....
sobre

sota
....
debajo de

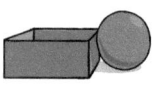

al costat
....
junto a

entre
....
entre

lloc
....
el lugar